AF312259

PRINCIPES

DE

POLITIQUE RÉPUBLICAINE

PAR RENÉ BRIDAN

PARIS

GUSTAVE GUÉRIN, LIBRAIRE

11, rue Mazarine

1874

PRINCIPES

DE

POLITIQUE RÉPUBLICAINE

GRAY. — IMPRIMERIE ET LITHOGRAPHIE DE A. ROUX

PRINCIPES

DE

POLITIQUE RÉPUBLICAINE

PAR RENÉ BRIDAN

PARIS

GUSTAVE GUÉRIN, LIBRAIRE

11, rue Mazarine

—

1874

PRINCIPES

DE

POLITIQUE RÉPUBLICAINE

✦

AVANT-PROPOS

Ce serait démontrer l'évidence que d'établir que, par
une suite irrésistible d'événements, la France se constitue en République démocratique. Préparée par un
siècle prodigieux, l'apparition de la démocratie s'est
opérée en France avec plus d'éclat et de soudaineté que
partout ailleurs ; elle y a enfanté des passions terribles,

et la Révolution, comme le char du dieu rénovateur, a tout brisé devant elle. Ensuite, par une loi d'antithèse inhérente aux choses humaines, un courant de violences opposées a paru, pendant de longues années, entraîner la France vers les rivages du passé ; et les observateurs qui la suivaient dans sa courbe rétrograde, ont conclu des défaites répétées de la Révolution qu'elle était épuisée ou qu'elle renfermait en elle-même une impuissance innée. Souvent ces jugements ont porté l'empreinte d'une précipitation blessante ou d'une haine secrète ; et on peut dire qu'en abusant des apparences pour ériger l'abaissement de la France en une douloureuse loi historique, l'envie a pris le masque de la pitié. Enfin l'empire de la Contre-révolution s'est affaibli ; des circonstances désastreuses ont forcé la France à rentrer dans la voie de ses destinées, et on s'est aperçu que la Révolution, pendant trois quarts de siècle chassée du pouvoir et persécutée, avait plus gagné dans les replis de la nation qu'elle n'avait perdu à la surface, et qu'en même temps, par une sorte d'élaboration naturelle, ses idées s'étaient épurées, étendues et complétées. La Révolution entrait dès lors dans sa phase organisatrice ; à l'impétuosité de Romulus succédait la prudence de Numa et les hommes expérimentés se ralliaient à elle par l'inspiration de leur sagesse. Désormais la victoire ne devait plus être la récompense de la force ; il n'y avait plus à étonner le monde par des prodiges d'audace ; une situation nouvelle appelait de nouveaux moyens, et le génie de la Révolution, pour atteindre ses fins, devait se métamorphoser, de monstre redoutable, en politique patient.

C'est à cette phase dans laquelle nous sommes entrés depuis trois ans, ou plutôt, pour mieux préciser l'objet de cet opuscule, aux conditions de stabilité du régime républicain, que se rapportent les réflexions qui suivent, réflexions qui n'ont la prétention de constituer ni un tout complet, ni même un ensemble coordonné, et dont le lecteur excusera l'insuffisance en considération de leur sincérité.

CHAPITRE Ier.

———

Parmi les principes qui se sont dégagés de nos crises, un des mieux établis est que la souveraineté populaire ne peut s'exercer que par la voie de la représentation. Le peuple doit être un roi qui règne, mais ne gouverne pas ; et il est reconnu que toute intervention du peuple lui-même dans le gouvernement et la confection des lois est sinon tumultueuse, du moins passionnée, excessive, pleine de crédulité et d'engouement. La démocratie pure qui attribue au peuple le pouvoir législatif a pu se réaliser chez des populations pastorales, parce que le peu d'étendue de leur territoire et la simplicité de leurs mœurs ramenait en quelque sorte la chose publique aux dimensions de l'intérêt privé ; elle a pu exister aussi dans une République célèbre de l'antiquité, parce qu'à raison de la constitution de la société antique, la démocratie n'y était au fond qu'une aristocratie. Mais mettre dans nos grands Etats modernes le gouvernement aux mains du peuple, ce serait vouloir diriger un grand vaisseau par les déterminations de la masse des matelots ou les mouvements d'une armée par une assemblée des soldats. « A Rome, gouvernée par des lois, dit Montesquieu, le peuple souffrait que le sénat eût la direction des affaires ; à Carthage, gouvernée par des abus, le peuple voulait tout faire par lui-même. » Donner au pouvoir législatif l'obéissance et la confiance, non bien entendu une obéissance aveugle et une confiance stupide, mais savoir, tout en le surveillant, lui laisser la liberté d'action dont il a besoin pour bien faire, est le premier devoir d'un peuple qui veut être bien gouverné ; et nous dirons plus, il faut que le peuple se résigne de temps à autre à subir un pouvoir législatif plus ou moins mal composé, porté même à faire de son autorité un usage indiscret, et qu'il ne compte, pour le rectifier, que sur sa patience et sur une respectueuse, mais inébranlable fermeté.

Ce principe admis que la souveraineté du peuple ne s'exerce que par voie de représentation, il s'agit de déterminer la relation de la représentation avec la masse électorale ; de même aussi, cette relation déterminée, il faut caractériser celle du pouvoir législatif avec le pouvoir exécutif ; et ici faisons une remarque, c'est que la théorie difficile et complexe de l'organisation des pouvoirs, telle que l'ont conçue les publicistes constitutionnels, s'applique aussi bien au régime républicain qu'au régime monarchique, sauf les changements indispensables, et qu'une république doit, par la

balance des pouvoirs, se préserver de trois tyrannies :
celle de la majorité électorale, celle de la majorité parlementaire et celle du pouvoir exécutif. Cette balance
n'est possible que par une intelligence déliée de l'étendue et des limites de chaque fonction gouvernementale ;
l'harmonie sera détruite dès qu'une de ces fonctions, se
subordonnant les autres, s'appropriera l'entière direction du gouvernement. Suivant celle de ces fonctions au
profit de laquelle s'opérera la rupture de l'équilibre,
on aura trois formes différentes du despotisme : l'exagération du pouvoir exécutif conduira au despotisme
personnel ; l'exagération du pouvoir parlementaire don-
nera une convention ; l'exagération de l'action de la
majorité électorale préparera une démagogie. Ce n'est
pas que, dans un Etat constitutionnel, l'harmonie soit
toujours si parfaite entre ces pouvoirs que jamais aucun
d'eux n'empiète sur les autres ; à moins d'une pratique
perfectionnée, il y a de temps en temps des anticipa-
tions et des froissements ; mais pourvu que ces antici-
pations soient circonscrites et ne s'accumulent pas
d'année en année, pourvu que les froissements n'amè-
nent pas une hostilité chronique, la stabilité de l'ensemble n'en est pas affectée, et les pouvoirs, par un jeu
naturel, reviennent à leur position relative.

Les relations des trois pouvoirs entre eux peuvent
s'exprimer par une formule, incomplète à la vérité et
dont on excusera la physionomie algébrique, que
voici : le pouvoir législatif est à la masse électorale ce
que le pouvoir exécutif est au pouvoir législatif. En
effet, la représentation, appuyée sur la masse électorale, ne peut s'en séparer et faire abstraction de ce que

l'on appelle son *mandat*. De même aussi, le pouvoir exécutif, en communication incessante avec le pouvoir législatif, en exécute les décrets et lui soumet ses actes. D'un autre côté, quoique émané de la masse électorale, le pouvoir législatif n'en a pas moins une indépendance propre, et la tyrannie de l'électeur qui affecterait de traiter le député comme un simple mandataire exécutant un ordre, serait aussi contraire à l'essence et à la dignité de ce pouvoir que la liberté insolente du député qui se séparerait de ses électeurs. D'ailleurs la notion de *mandat*, employée d'ordinaire pour caractériser les fonctions de député, nous semble insuffisante ; il faudrait du moins élever cette notion à un degré de grandeur que ne comporte pas la pratique des affaires, où elle a été puisée. Néanmoins, quoique les députés soient autre chose que les exécuteurs des commandements du peuple, on ne peut nier qu'il n'y ait dans leurs fonctions un principe de mandat et qu'il ne résulte de leur acceptation une obligation sévère, pour ceux qui en sont investis, de ne pas se séparer de ceux qui les leur ont confiées. Cette séparation des vœux de ses commettants serait surtout choquante, si elle portait sur des points qui auraient fait l'objet de déclarations publiques de la part du député. Il y aurait alors un véritable engagement auquel son honneur serait intéressé, et il aurait mauvaise grâce, pour s'y soustraire, à répondre qu'il n'a pas accepté un mandat impératif : le mandat impératif, expédient de démagogue avili, n'a rien à faire dans l'accomplissement d'un devoir de conscience et d'une promesse sacrée ; et dès surtout qu'il s'agit de la forme du gouvernement, le député est enchaîné par ses déclarations (1).

Ainsi l'indépendance du député a ses limites dans certains engagements essentiels que le député a pris avec solennité et qu'il ne saurait rétracter sans compromettre son caractère. Cette indépendance est, en second lieu, bornée par l'action quotidienne de l'opinion. Car l'opinion sous l'influence de laquelle la représentation a été nommée, subit des variations plus ou moins considérables, et, comme la représentation n'est, en dernière analyse, qu'une concentration et une épuration de l'opinion et qu'en outre on ne peut ni tous les mois, ni même tous les ans, la renouveler, il faut qu'elle suive les progrès de l'opinion, non en aveugle, mais avec un discernement supérieur aux apparences. Cette action de l'opinion s'exerce de trois manières : 1° d'une manière générale et en quelque sorte diffuse (pour nous servir d'une expression empruntée à la théorie de la lumière), par la conversation et les journaux ; 2° d'une manière plus déterminée par les pétitions; 3° d'une manière très-précise par les élections législatives partielles et aussi par les élections départementales et municipales, quoique, à notre sens, les partis feraient mieux de restreindre la signification politique des élections non-législatives (2).

____

(1) Avec le système du mandat impératif, les représentants pourraient dire comme un député de la Restauration : « Les uns ni les autres nous ne parlons pour nous convaincre. Les opinions sont formées et peut-être comptées. Autant vaudrait aller de suite aux voix. »

(2) Il ne faut pas trop mêler la politique à l'administration. Ce sont deux sphères qui se pénètrent, mais qui n'en sont pas moins

Ce que chacun de nous éprouve tous les jours est une image sensible du pouvoir de l'opinion. Nous ne sommes le plus souvent, en effet, quelqu'idée que nous ayons de la portée de notre raison, que des instruments qui vibrent plus ou moins à certains courants de l'opinion, et notre esprit, participant à une fermentation continuelle, subit mille métamorphoses. C'est l'opinion qui précipite les Révolutions à certains moments ; et c'est elle qui, dans d'autres, force les partis à être sages malgré eux. Quelquefois l'opinion conçoit avec une force extraordinaire l'idée la plus vraie et y rallie toute la nation, d'autrefois elle est divisée, incertaine et n'accorde à aucun parti une pleine confiance. L'homme politique a sans cesse les yeux fixés sur elle ; tantôt il lui obéit, tantôt il lui cède en résistant, quelquefois il louvoie avec prudence, gagne du temps et la ramène, quelquefois même il la combat et ose lui tenir tête (1).

---

distinctes. La politique doit être traitée en grand et l'administration en détail ; d'excellents administrateurs n'ont été que de médiocres politiques, et de grands politiques se sont piqués de ne rien entendre à l'administration.

(1) C'est surtout envers son propre parti qu'un homme d'Etat doit savoir déployer cette fermeté courageuse. Citons à ce sujet un passage de M. Thiers : « Un gouvernement ne saurait jamais être à l'une des extrémités politiques... Un gouvernement est dans sa vraie position quand il a derrière lui le parti ennemi, et un peu en avant de lui son propre parti, ou du moins la portion exagérée de son parti. Un gouvernement est perdu quand il ne sait pas résister à ses amis, et même rompre avec eux pour n'être d'aucune faction. Les gouvernements n'ont jamais péri par leurs ennemis, mais par eux-mêmes, par l'exagération de leur principe. La Convention a péri par la violence, Napoléon par la conquête, la Restauration par le droit divin. Un gouvernement est méprisable qui ne sait pas contenir son parti et se laisse mener par lui » (*La Monarchie de 1830*, par M. A. Thiers, Paris, 1831, pages 87 - 88).

L'action de l'opinion sur la représentation est loin d'avoir acquis en France la régularité qu'elle possède en Angleterre D'un côté, tout individu qui est en France investi d'un pouvoir est enclin à se l'exagérer. On nous reproche d'être impropres à la liberté ; en réalité, ce n'est pas l'esprit de liberté qui manque parmi nous, c'est l'esprit de tyrannie qui surabonde. Le candidat élu devient bien vite d'humble suppliant personnage considérable et trouve très-mauvais d'obéir à l'opinion, de même qu'il trouve très-inconvenant que le pouvoir exécutif ne lui obéisse pas. D'un autre côté, une Assemblée délibérante constitue une sphère d'activité qui entraîne, et le député, concentré dans les débats parlementaires, tend volontiers à ne pas accorder assez d'importance à ce qui se passe au dehors. Comme il voit tous les esprits fixés sur les débats auxquels il prend part, il comprendrait difficilement que l'Assemblée se guidât sur l'opinion extérieure. Il lui semble, au contraire, beaucoup plus naturel que l'opinion se règle d'après l'Assemblée. D'ailleurs, comment douter de soi quand on est législateur ? Qui a le pouvoir en main se croit volontiers dans le vrai, et les sophismes ne manquent pas pour se faire illusion. A la vérité, l'opinion finit par se faire jour d'une manière trop vive pour ne pas la reconnaître, et des élections successives en manifestent les sentiments bien arrêtés, diamétralement opposés à la politique de l'Assemblée. Mais on s'en irrite, on veut y voir l'effet de manœuvres perverses, le symptôme d'une corruption générale des esprits et un danger menaçant qu'il faut combattre ; et alors le pouvoir législatif, oubliant sa propre formation, ou plutôt abusant de ce principe qu'issu de la majorité électorale, il ne lui est cependant pas subordonné en tout et pour tout, se considère comme ayant la mission de refouler l'opinion. Il en résulte une lutte dont il serait trop long de décrire les aspects, les expédients, et que notre vie parlementaire, à toutes les époques, a reproduite avec une remarquable uniformité ; ce qui surtout a caractérisé cette lutte, c'est la ligue du pouvoir législatif et du pouvoir exécutif contre la majorité nationale, soit que le premier ait été dominé par le second, soit *vice versâ ;* et ce qui l'a si facilement amenée, c'est que l'on a toujours cru possible, à la faveur de la centralisation administrative et des complaisances de la mobilité française, de changer l'opinion, du moins de la falsifier et de substituer à l'opinion libre et vraie le fantôme d'une opinion imposée et mensongère.

Ces réflexions, auxquelles on pourrait ajouter bien des détails et des éclaircissements historiques, suffiront pour mettre en lumière la nécessité qu'il y ait entre l'opinion et la représentation un accord régulier, non servile, qui n'exclue pas quelques écarts, mais qui les rende de plus en plus rares et passagers.

L'identité de vues entre les trois pouvoirs, le synchronisme de tous les mouvements de l'opinion et des sentiments de la représentation, comme aussi l'entente complète de la représentation et du pouvoir exécutif, seraient la perfection de l'Etat constitutionnel. Mais cet âge d'or du constitutionalisme ne s'est pas encore levé pour la France, et il est à craindre que d'ici à longtemps nous ne soyons qu'une imparfaite approximation de l'Angleterre et de l'Amérique. Ce qui, chez ces peuples, est assis sur des bases inébranlables, est encore jusqu'à un certain point chez nous dans les orages de la création. Comme l'a dit Voltaire, « les Français arrivent lentement à tout, mais enfin ils arrivent. »

CHAPITRE II.

***

Nous avons, dans ce qui précède, énoncé, comme deux des principaux moyens d'action de l'opinion sur la représentation, le droit de pétition et les élections partielles. La justification théorique du droit de pétition est facile à faire; car ce droit résulte de ce principe que l'Assemblée, gardienne de la constitution, a le devoir d'en surveiller l'observation et que par conséquent il est permis de lui dénoncer les excès de pouvoir : et de cet autre principe que les députés étant avant tout les représentants de l'opinion, cette opinion, que ce soit celle d'une majorité, d'une minorité ou même d'un individu isolé, a le droit de se faire entendre de l'Assemblée. Aussi ce droit est-il invariablement inséré dans les constitutions. Malheureusement, il n'a guère été en France qu'un droit illusoire; et, soit qu'il faille en attribuer la cause aux pratiques parlementaires et à la facilité avec laquelle les Assemblées, après avoir gas-

pillé le temps en disputes stériles, expédient ensuite en
un clin-d'œil des affaires qui mériteraient examen, soit
qu'il faille s'en prendre à la légèreté française qui ne
sait pas assez que les droits de tous dépendent de ceux
de chacun, soit qu'il y ait dans les Assemblées une tendance marquée à approuver le pouvoir et au besoin à
légitimer l'arbitraire, en même temps qu'un extrême
empressement à se payer des explications ministérielles,
soit que (en ce qui concerne les pétitions destinées à
manifester la force de l'opinion) les Assemblées soient
portées à se croire assez indépendantes du corps électoral pour repousser comme séditieuses des pétitions
imposantes par le nombre des signataires, le droit de
pétition n'a jamais eu en France qu'une portée plus que
secondaire et les exceptions que l'on pourrait invoquer
ne feraient que confirmer la règle (1). On aurait tort de se

----

(1) Il semble même qu'on se soit attaché à déverser le ridicule
sur le droit de pétition. On a, par exemple, fréquemment discuté
la personne du pétitionnaire ; on a demandé avec ironie s'il avait
qualité pour proposer la modification d'une loi ou pour donner
des conseils à l'Assemblée, s'il avait fait une étude spéciale de la
matière sur laquelle roulait sa pétition, si le pétitionnaire n'était
pas un homme timbré, atteint d'une folie de persécution, ou bien
si ce n'était pas un homme obscur, derrière lequel se cachait une
autre personnalité intéressée à n'être pas connue ou à ne pas
figurer en nom. A-t-on fait des pétitions collectives pour manifester
l'opinion avec plus d'ensemble ? On les a repoussées comme n'ex-
primant qu'une opinion factice et même comme des manœuvres
séditieuses. On a vu dans l'emploi d'une faculté légale une tentative
comparable à la pression des clubs sur les Assemblées de la Révolution. Que signifie cette pétition, a-t-on dit ? Qu'une agitation a été
organisée dans le pays, qu'il y a des hommes qui désirent le chan-
gement et qui seraient sans doute très-habiles pour en profiter.
Puis, a-t-on ajouté, ces nombreuses signatures n'ont pas le poids

figurer que des pétitions de tous les coins de la France puissent l'emporter sur les passions avouées ou secrètes d'une Assemblée maîtresse de la situation. L'effet de ces pétitions ne serait cependant pas absolument nul, en ce sens qu'en accentuant la résistance de l'opinion contre une mesure projetée et en en mettant mieux en évidence l'impossibilité pratique, elles pourraient contribuer à épargner au pays un acte de violence ; mais il faudrait, pour cela, que derrière ces pétitions, l'Assemblée entrevît la résistance insurmontable d'une majorité immense et que, dans l'alternative d'abandonner son projet ou de se transformer en convention audacieuse, elle vît clairement le danger et la folie de ce dernier parti.

---

qu'on leur attribue, la plupart des signataires n'ont pas même lu la pétition et ont à peine su de quoi il s'agissait. Naturellement, si la pétition était dirigée contre les agissements du pouvoir et que la majorité parlementaire fût complaisante, ces raisonnements étaient applaudis et la pétition balayée ; et l'administration, encouragée à apporter des entraves au pétitionnement collectif, s'y appliquait de tout son zèle et de toutes ses ressources.

Sous l'Empire, on employait volontiers contre les protestations électorales, qui ne sont au fond que des pétitions, cette fin de non-recevoir que les signatures n'étaient pas légalisées ; ce qui était une objection peu loyale, puisqu'il était ordonné ou insinué à la plupart des maires de refuser, en pareil cas, la légalisation des signatures. Ajoutons qu'il y a toutes raisons de croire qu'à diverses époques on a eu recours, pour jeter de l'odieux sur le droit de pétition, à un moyen infâme : on a, par des suggestions artificieuses, fait faire des pétitions extravagantes ou criminelles ; et, comme les Français n'ont pas le calme d'esprit des Anglais et que, dès qu'on leur montre dans une chose des abus apparents, ils se dégoûtent de la chose au lieu de remédier aux abus, on conçoit tout le parti qu'on en a tiré pour déconsidérer d'avance des pétitions ustes et honnêtes.

Mais laissons de côté le droit de pétition pour nous attacher à l'influence des élections partielles sur la représentation. Ces élections sont évidemment la manifestation la plus énergique et la plus décidée de l'opinion, et cette manifestation doit avoir d'autant plus d'autorité auprès du pouvoir parlementaire qu'elle émane des comices auxquels ce pouvoir doit sa formation. On ne peut pas les écarter dédaigneusement et dire, comme en fait de pétition, que ceux qui y ont pris part n'ont pas su ce qu'ils ont fait; car si la majorité d'une Assemblée se permettait un pareil propos à l'égard d'un nouvel élu, la minorité serait autorisée à répondre que ce sont au contraire les électeurs de la majorité qui n'avaient pas conscience de leur vote ou qui, s'étant trompés, reconnaissent hautement leur erreur. Il y a, en outre, une espèce de présomption légale de supériorité au profit de l'opinion nouvelle sur l'opinion précédente, et les élections partielles, en constatant la concordance ou l'écart entre la représentation et l'état de l'opinion, peuvent quelquefois manifester cet écart avec tant de force et de persistance qu'elles ébranlent l'autorité morale de l'Assemblée et rendent la dissolution nécessaire. Sans aller jusqu'à déterminer la dissolution, les élections partielles peuvent souvent arrêter une Assemblée sur une pente dangereuse et lui faire comprendre que la contrariété entre les volontés du pays et la politique de l'Assemblée doit rester dans de justes bornes et que, s'il est permis à une Assemblée de froisser en bien des choses le sentiment national, il y a des points fondamentaux auxquels il n'est pas prudent de toucher.

Il ne faut donc pas voir dans les élections partielles un mal ; elles sont, au contraire, un bien, puisqu'elles maintiennent les communications entre l'Assemblée et le pays, et pour qu'une Assemblée s'irritât de leurs résultats, il faudrait qu'elle se crût intéressée à supprimer ces communications ou à ne les accepter qu'à la condition d'être toujours approuvée, ce qui n'est pas honnêtement admissible. Il est faux d'ailleurs que les élections partielles agitent le pays ; en quoi une élection dans le Finistère, dans le Puy-de-Dôme ou même dans la Côte-d'Or agite-t-elle le Jura ? Il ne peut y avoir d'agitation électorale que là même où il y a élection, parce que cette agitation suppose la participation à une lutte passionnée. En dehors de leurs circonscriptions, les élections locales peuvent causer une impression par leur résultat ; mais cette impression n'est qu'une pure constatation, par laquelle l'opinion acquiert une conscience plus nette de ce qu'elle pense, et la France enregistre les résultats du scrutin de la même manière qu'elle enregistrerait un vote de l'Assemblée. Supprimer les élections partielles ou les reculer indéfiniment en raison d'une agitation prétendue des esprits serait chose aussi peu sensée que de supprimer les débats parlementaires, parce qu'ils produisent de temps à autre dans le pays d'assez vives émotions. *Vita in motu,* comme disaient les anciens. Il ne faut ni surexciter la vie, ni voir un trouble dans l'accomplissement des fonctions vitales. Les élections partielles n'ont, du reste, jamais troublé que les partis dont elles condamnaient les fautes et trompaient les calculs. Concluons qu'elles sont nécessaires à ce double titre : 1° qu'il est injuste qu'un groupe d'électeurs ne soit pas représenté et que, par conséquent, le temps pendant lequel la représentation reste incomplète par suite du décès ou de la démission d'un de ses membres, doit être réduit au strict minimum ; 2° qu'en manifestant l'état de l'opinion, elles permettent à l'Assemblée de se juger elle-même, d'apprécier l'effet de ses mesures, de s'assimiler les progrès de l'esprit public, et qu'ainsi, dangereuses pour une Assemblée rétrograde, sur laquelle elles agiraient comme une sommation impérieuse, elles ne peuvent que prolonger la vie et faciliter la tâche d'une Assemblée large et éclairée.

Cependant, comme dans les questions politiques les nuances sont infinies et que chaque fait, pour être bien compris, doit être dégagé de toutes les apparences qui l'exagèrent, nous devons ajouter une remarque qui diminuera un peu la portée des élections partielles. Il est reconnu que ces élections, tout en manifestant l'état de l'opinion, l'expriment d'une manière très-accentuée et volontiers exclusive. On pourrait dire, comme en mécanique, que le mouvement gagne en force ce qu'il perd en étendue ; et cela doit être, car l'opinion, ne disposant pas d'un vaste ensemble électoral dans lequel elle est sûre de prédominer, en vertu de ce que, dans le calcul des probabilités, on appelle la loi des grands nombres, mais n'opérant que sur un espace restreint dans lequel il faut vaincre à tout prix sous peine de voir la défaite locale interprétée comme une défaite générale, déploie dans l'action partielle toute son énergie et craint beaucoup plus de ne pas atteindre le but que de le dépasser. Dans l'élection partielle, l'électeur

se regarde comme agissant au nom de la France entière ;
les considérations de compensation des résultats, de
balance des partis, de nécessité d'introduire dans l'Assemblée des hommes d'opinions diverses, de manière
à ce que la vérité jaillisse du choc de ces opinions et à
ce que, par d'heureuses proportions dans la composi-
tion de l'Assemblée, toute tyrannie se trouve d'avance
neutralisée, disparaissent devant une idée unique, un
intérêt urgent et passionné ; au lieu de consulter la capa-
cité, l'honorabilité, les connaissances, les talents hors li-
gne, on s'attache comme à une condition *sine quâ non*
à une opinion déterminée ; et il doit surtout en être
ainsi lorsqu'un conflit plus ou moins déclaré s'est élevé
entre la masse électorale et la représentation, parce
qu'alors il faut absolument qu'une manifestation, éma-
née des entrailles de la souveraineté populaire par l'opération fondamentale de l'élection, impose ou prépare
le rétablissement de l'harmonie. Il n'y a donc pas à
tirer des élections partielles plus de conséquences
qu'elles n'en comportent ; un parti se tromperait s'il
voyait dans des résultats qui lui seraient uniformément
favorables la certitude de sa domination perpétuelle au
lieu de la simple probabilité de sa domination plus ou
moins longue ; ces résultats peuvent être la récompense
de sa sagesse ou la punition de ses adversaires qui n'ont
pas su user sagement du pouvoir ; ils peuvent n'être
aussi jusqu'à un certain point que l'effet de ce mouvement de flux et reflux qui transporte le pouvoir d'un
parti à un autre et qui apprend à chacun d'eux à ses
dépens que la faveur de l'opinion est difficile à conserver, parce que, d'un côté, elle voit très-bien les fautes

de ceux qui gouvernent et que, d'un autre côté, elle
espère trop de ceux qui ne gouvernent pas. Aujourd'hui
que le parti conservateur est au pouvoir, les élections
partielles sont vivement républicaines ; il pourrait bien
arriver un jour que, le parti avancé étant au pouvoir,
les élections partielles fussent conservatrices. Les oscil-
lations de l'opinion, sans être capricieuses, déroutent
toutes les prévisions des partis, car aucun d'eux ne se
connaît assez profondément pour ouvrir d'avance un
compte de pertes aux fautes qu'il commettra. Il n'y a
pas non plus à tirer de ces élections des conséquences
effrayantes ; l'exagération qui leur est inhérente est
utile sans être dangereuse, de même que le multiplica-
teur électrique qui accuse la présence d'un courant et
fait dévier l'aiguille aimantée, n'a pas la puissance d'en
renverser les pôles ; des élections partielles ultra-répu-
blicaines ne ramèneront pas la Révolution et les élections les plus conservatrices ne ramèneront pas le roi ;
notre système politique a acquis plus de stabilité qu'on
ne suppose, et les partis, à travers toutes les folies de
leurs excentriques, toutes les violences de leurs hommes
extrêmes, n'ont qu'une sphère d'action assez circons-
crite, au-delà de laquelle ils tombent dans le vide.

Il pourrait arriver quelquefois que des élections partielles, trop défavorables à la majorité parlementaire,
fissent naître en elle la pensée d'agir sur le suffrage
lui-même au moyen des combinaisons d'une loi électorale ou à la faveur d'un certain système de mesures
administratives (1), et cette possibilité montre combien il

---

(1) « Elle est donc bien tombée cette oligarchie altière qui déclare
à la face de l'Europe que si elle ne parvient à fausser le suffrage

est nécessaire que le pouvoir parlementaire renferme en lui-même un contrôle et qu'une seconde Chambre, dont l'organisation soit profondément conçue et où règne une élévation de vues supérieure aux préoccupations des partis, puisse réviser les décrets de la première et en corriger les erreurs. La nécessité d'introduire dans le pouvoir parlementaire une hiérarchie qui le pondère est non moins grande dans l'Etat républicain que dans l'Etat monarchique constitutionnel. En effet, si, dans l'Etat monarchique, les députés sont souvent entraînés à sacrifier les intérêts de leurs commettants aux séductions qu'exercent sur eux les faveurs de la royauté, dans l'Etat républicain, ils sont portés à se considérer, eux et leurs amis, comme les maîtres du pouvoir et des places et ils n'entendent pas qu'on les en déloge, à peine qu'on partage avec eux. Quoi de plus naturel que d'assurer la domination de son parti, dans laquelle on voit en perspective sa propre suprématie et la grandeur de sa famille et de ménager à cette domination,

---

national, il sera toujours contre elle et que jamais elle ne pourra compter sur une seule nomination libre, que la majorité la repousse sans cesse et que pour arriver au pouvoir, il faut qu'elle l'usurpe ou plutôt qu'elle le dérobe : car ce n'est pas même d'une usurpation qu'il s'agit ; il ne s'agit pas d'une conquête, il s'agit d'un larcin honteux que déguisent misérablement d'indignes subterfuges, au prix desquels pas un citoyen qui se respecte ne s'abaisserait à accepter la puissance ou à exercer l'autorité. » (Benjamin Constant, *Discours sur le projet de loi relatif aux élections*, prononcé dans la séance de la Chambre des députés du 23 mai 1820). Un peu plus loin, dans le même discours, on trouve ces paroles : « L'aristocratie ne sera plus brillante et guerrière, mais flétrie et rusée. Son joug n'en sera pas moins pesant ; il sera plus honteux. Les hauts faits sont remplacés par l'astuce, la vaillance par la chicane, les paladins par les sophistes et les lions par les renards. »

compromise et prête à s'effacer, un refuge et un moyen de se ressaisir? On a beau avoir beaucoup dogmatisé politique dans notre siècle, les hommes sont toujours des hommes ; ils ne sont pas devenus des abstractions, des principes purs inaccessibles à l'intérêt ; et derrière la proclamation de grandes idées ou de grands souvenirs, un œil clairvoyant aperçoit trop souvent une petite ambition. C'est pourquoi il importe que certaines lois et en particulier les lois électorales soient soustraites à l'influence immédiate de la représentation et réputées faire partie de ces lois constitutionnelles qui ne peuvent être modifiées que difficilement et de manière à ce que, dans l'œuvre de cette modification, l'action d'un parti ou l'influence d'une majorité accidentelle se trouvent neutralisées.

CHAPITRE III.

Comme nous sommes partis d'une formule qui relie
les trois pouvoirs fondamentaux par une espèce de loi
de proportion et que nous nous sommes efforcés jusqu'à
présent de montrer les rapports de l'opinion et de la
représentation, il convient de poursuivre notre chaîne
d'idées par l'étude des rapports de la représentation et
du pouvoir exécutif. Après avoir vu combien il était
difficile de maintenir une parfaite harmonie entre la
masse électorale et la représentation, il est non moins
aisé de comprendre que l'harmonie entre le pouvoir
exécutif et la représentation est difficile à conserver et
qu'elle ne peut exister que sous l'une de ces trois conditions : ou que l'un et l'autre soient entièrement d'accord,
ou que l'un soit le maître de l'autre, ou enfin que, sans
être précisément d'accord, chacun d'eux ait la sagesse
de se renfermer dans les bornes de l'action constitution-

nelle et même de ne pas faire de cette action constitutionnelle un usage déplacé et funeste.

La difficulté de faire régner cette harmonie tient à plusieurs causes. En premier lieu, le pouvoir parlementaire, émané du corps électoral, se considère comme l'incarnation de la souveraineté nationale; tandis que le peuple, ne faisant acte de souveraineté que par la voie de l'élection, n'a pas de sa souveraineté ce sentiment vif et assuré que donne l'exercice continuel du pouvoir, une Assemblée est au contraire un organisme vivant, agité de mille projets, enorgueilli par l'attention universelle, et chez lequel l'idée de sa puissance s'exalte quelquefois d'une manière extraordinaire. En second lieu, le pouvoir exécutif, maître de l'administration, disposant de la force armée, représentant la nation vis-à-vis de l'étranger et rencontrant de toutes parts à l'intérieur une obéissance empressée, est porté à se former de lui-même et de sa puissance une idée peut-être encore plus haute; car le pouvoir exécutif, concentré dans un homme, est bien plus une volonté et une force d'action qu'une Assemblée qui délibère. Aux discussions pénibles et aux hésitations de l'Assemblée, qui est par excellence le champ de manœuvres des partis, le pouvoir exécutif oppose l'unité de ses vues et la fermeté de ses plans; et la haute responsabilité qui pèse sur lui, lui fait concevoir son rôle avec une grandeur telle qu'il ne tarde pas à empiéter sur les prérogatives de l'Assemblée.

A la vérité, l'Assemblée se regarde comme la maîtresse absolue dans la sphère des choses législatives; mais le pouvoir exécutif ne tarde pas à y intervenir, et

loin de se réduire à n'être que l'exécuteur de la loi, il
s'en trouve être le plus souvent l'initiateur ; si bien que
l'art de manier l'Assemblée et d'obtenir d'elle telle ou
telle loi, devient la branche la plus active de sa politique ; et, comme on l'a vu dans des époques de réaction (1), trop souvent le pouvoir exécutif use et abuse
de la complaisance de l'Assemblée, ou plutôt d'un sentiment plus digne, le désir de maintenir la stabilité du
gouvernement, qui conduit à accorder au pouvoir exécutif ce qu'il demande, tant que cela n'est pas positive-
ment déraisonnable.

Ce n'est pas que le pouvoir exécutif puisse s'isoler en
lui-même et se borner à exécuter les lois comme un
huissier exécute un jugement. D'abord il y a des lois
qui se rattachent immédiatement à l'exercice de la puissance exécutive ; par exemple, dans une constitution où
le droit de déclarer la guerre appartient au chef de
l'Etat, le vote des fonds de guerre n'en appartient pas
moins à la Chambre, d'où il suit que la résolution du
chef de l'Etat de faire la guerre n'a d'efficacité que par
l'approbation du pouvoir législatif et qu'ainsi le pouvoir exécutif devra presque nécessairement prendre
l'initiative des lois qui s'y rattachent ; ou bien certaines
lois ont pour objet de fortifier et de faciliter le jeu du
pouvoir exécutif dans le cercle de l'action administrative, et ces lois sont généralement du nombre de celles
qu'il met toute son adresse et toute son insistance à
obtenir. Ensuite, comme nous l'avons dit, celui qui est

______

(1) Sous la Restauration, la monarchie de Juillet dans sa phase
de réaction, le second Empire.

à la tête du gouvernement, le gouvernement fût-il
fondé sur les purs principes constitutionnels, se considère volontiers comme le centre de la politique, et l'Assemblée même ne lui apparaît que comme un auxi-
liaire, auquel il suffit de témoigner une confiance
respectueuse. N'est-ce pas le pouvoir exécutif qui voit
de près les choses, qui se rend compte de tout, qui est
obligé de surmonter chaque jour les difficultés du gouvernement, et qui, par conséquent, est le mieux à même
de juger la situation et de savoir au juste ce qui convient? On se repose sur son zèle, on connaît sa vigilance, on sait qu'il est dévoué au maintien de l'ordre ;
mais si on lui refuse l'autorité nécessaire, si on le
désarme, pourra-t-il remplir sa tâche, rassurer les intérêts, sauvegarder les principes? Voilà un abrégé des
arguments à l'aide desquels le pouvoir exécutif amène
le pouvoir législatif à ses fins ; et, comme il est difficile
en toutes choses de trouver le juste milieu, difficile surtout de ne donner au pouvoir que ce qu'il faut sans
jamais lui refuser ce dont il a besoin, on doit pardonner
un peu aux Assemblées leur trop grand empressement
à se conformer aux désirs du gouvernement ; de plus
les Assemblées, par moments pénétrées de leur autorité
et passionnées pour leurs droits, ont au fond une certaine conscience de leur faiblesse ; elles se sentent
pleines de contradictions, livrées aux incertitudes quoti-
diennes du vote, fractionnées en partis hostiles qui
s'efforcent de se dominer et qui n'atteignent guère
qu'une domination chancelante, et finalement elles s'a-
vouent qu'elles sont plutôt destinées à seconder un gouvernement qu'à gouverner elles-mêmes.

CHAPITRE IV.

Le besoin de stabilité dans le pouvoir exécutif est un de ceux qui frappent tout le monde; car le pouvoir exécutif n'est pas seulement le bras ; jusqu'à un certain point, il est aussi la tête, et si une nation changeait de pouvoir exécutif comme les sultans gouvernés par des intrigues changeaient de grands-visirs, elle ne tarderait pas à tomber dans une déconsidération profonde.

Il faut donc que les institutions soient combinées de manière à ce que le pouvoir exécutif possède une stabilité propre et qu'il ne soit pas à la merci d'un vote de l'Assemblée. Or, cette stabilité n'existe pas lorsque le pouvoir législatif a le droit de créer et de révoquer le pouvoir exécutif. Cette création du pouvoir exécutif par le pouvoir législatif présente les plus graves inconvénients, deux notamment d'une évidence palpable : en effet, comme un pouvoir exécutif ainsi formé n'est au fond que l'instrument de l'Assemblée, l'Assemblée, qui l'a créé à son image, accueille ses propositions avec complaisance, tant qu'elle y voit l'expression de ses désirs, et lui pardonne ses fautes comme on se pardonne à soi-même ; et lui, de son côté, ayant contracté dès l'origine l'engagement formel ou tacite d'obéir à l'Assemblée, sent que son existence dépend de cette obéissance et se résigne à ce rôle subordonné ; ou, s'il ne s'y résigne pas, il est obligé de donner sa démission ; si bien qu'un tel pouvoir exécutif ne sert qu'à déguiser le gouvernement de l'Assemblée elle-même (1).

Il résulte de là que, tandis que le pouvoir exécutif trouve souvent trop d'indulgence, il peut arriver aussi que le moindre acte d'indépendance et d'impartialité soulève une tempête et le fasse tomber. Bien prodigieux serait l'homme qui, mettant sa pensée au-dessus des injustices des partis, ennemi de toutes les exagérations et de tous les systèmes, se maintiendrait longtemps au pouvoir avec le consentement d'une Assemblée délibérante qui l'aurait choisi et qui pourrait le révoquer. Un tel homme serait du petit nombre de ceux que les circonstances imposent, et, renfermât-il en lui-même des trésors de sagesse, eût-il donné mille preuves de prévoyance et d'habileté, eût-il mérité la reconnaissance et l'enthousiasme universels, il ne tarderait pas sans doute à trouver dans l'Assemblée la limite de son influence. On ne lui pardonnerait pas de n'avoir pas

---

(1) La création du pouvoir exécutif par le pouvoir législatif serait surtout dangereuse dans le cas d'une Assemblée unique ; avec le système des deux Assemblées, les inconvénients seraient bien moindres.

transporté dans la sphère exécutive cette tyrannie que les partis exercent trop souvent l'un sur l'autre dans le sein de l'Assemblée et d'avoir pris pour base de sa politique les intérêts de la nation grandement compris, au lieu de la faire reposer sur les sympathies et les haines d'une majorité passionnée. Rien, au surplus, de plus difficile que de rendre une Assemblée impartiale ; le conflit de passions opposées dans une réunion d'hommes investis d'un pouvoir élevé, les excite et les débarrasse des entraves de la prudence ; la modération des uns disparaît sous la hardiesse des autres, et les résolutions sont souvent loin de représenter la moyenne de la sagesse de chacun. Un despote de génie, sûr de sa force, est bien plus capable d'une modération virile qu'une Assemblée politique. Ce n'est pas qu'une Assemblée soit incapable d'entendre la raison et qu'elle ne puisse enfanter des lois lumineuses ni prendre de sages résolutions. Au contraire, une Assemblée qui sait s'équilibrer et que les institutions empêchent d'empiéter sur le pouvoir exécutif et d'envahir l'administration, peut être un magnifique foyer de vie politique et remplir, entre la nation, de laquelle émane la souveraineté, et le pouvoir exécutif qui gouverne, le rôle d'un précieux intermédiaire, sachant exprimer la volonté nationale avec autant de mesure que de fermeté, donner au pouvoir exécutif son appui et le soumettre à son contrôle ; car un organe politique fonctionne d'autant mieux qu'il est plus attentif à ne pas déprimer les autres organes et à ne pas apporter dans l'harmonie générale un trouble qui réagit sur lui-même.

Nous arrivons ici à l'une des fonctions les plus importantes de la représentation : le contrôle des actes du pouvoir exécutif. Sans entrer dans aucun développement sur l'essence du régime constitutionnel, rappelons seulement qu'il a pour principe de balancer les pouvoirs et de former, de la base au sommet du système politique, une chaîne qui relie chaque partie à tout l'ensemble et tient tout en équilibre. Mettre en face dans le gouvernement, par la spécialité des fonctions, l'action d'un côté, la délibération et le contrôle de l'autre, telle est sa loi première; et ses avantages, qu'il serait superflu de décrire en détail, sont, comme on le sait, de donner à l'ordre public une stabilité inconnue dans les pays despotiques ou démagogiques et de permettre l'épanouissement de la liberté. C'est un régime dans lequel les erreurs des hommes d'Etat peuvent être promptement et utilement rectifiées et dans lequel il est possible de porter remède à toute tentative dangereuse pour la constitution et le bien général, dès qu'elle est signalée.

Aussi la discussion des actes du pouvoir exécutif par la représentation y est pour ainsi dire continuelle, et, tandis qu'un pouvoir absolu n'admet pas qu'on le discute, un pouvoir constitutionnel est toujours prêt à rendre compte de ce qu'il a fait et à se soumettre au jugement d'une Chambre. C'est sur la double base de la délibération qui précède ses actes et du contrôle qui les suit, qu'il fonde son autorité et peut, à chaque instant de son existence, se trouver en correspondance parfaite avec l'esprit public. Il ne faut donc pas voir dans le droit d'interpellation un perfectionnement, un accessoire, mais une des conditions du régime parle-

mentaire, et là où ce droit n'existe pas, le gouvernement
représentatif est encore très-incomplet. Sans doute,
toutes les interpellations ne sont pas fondées ; il se peut
qu'il y ait des interpellations oiseuses, il se peut aussi
qu'il y en ait de haineuses ; ce sont là des écarts inévi-
tables que l'expérience corrige et qu'un sentiment de
convenance et de dignité, naturel dans une réunion
d'hommes distingués, s'étudie à faire disparaître. D'autres fois, il peut arriver que la Chambre, absorbée par
d'autres préoccupations, ne donne pas aux interpellations toute l'attention qu'elles méritent et s'en débarrasse sans les approfondir, ou enfin que des passions
de parti lui servent à les préjuger. Mais il suffit que ce
droit soit toujours ouvert et qu'à chaque instant, les
députés puissent déposer des demandes d'interpellation et obliger le pouvoir exécutif à expliquer sa
conduite dans un débat public, pour que ce pouvoir
soit tenu d'être honnête, du moins incomparablement
plus honnête qu'un gouvernement irresponsable, entouré
du silence. Le député qui interroge un ministre est
vraiment le représentant du pays, et s'il sait concilier
le respect des formes avec la fermeté de la question, s'il
sait, lorsque les explications sont satisfaisantes, retirer
son interpellation, et, lorsqu'elles sont mensongères ou
évasives, leur opposer une conviction grave, un raison-
nement irrésistible, il remplit l'un de ses devoirs les
plus importants, un de ces devoirs qui exigent du député
une vigilance et un tact consommés. L'interpellation a
surtout sa raison d'être lorsqu'elle répond aux inquié-
tudes de l'opinion ou lorsqu'il s'agit de jeter sur une
affaire obscure une clarté qui fasse évanouir toute dissi-

mulation et qui ne permette à aucune démarche de la puissance publique de couvrir une entreprise blâmable ou une spéculation douteuse.

La responsabilité du pouvoir exécutif résulte de tout l'ensemble du régime constitutionnel, et la Chambre a sur lui trois moyens d'action : 1° le vote ou le rejet des lois proposées, car le gouvernement ne peut agir qu'à la condition que la Chambre votera les lois qu'il propose (1) et qu'en outre elle ne votera pas les lois qu'il combat ; du moins, dès que les votes de l'Assemblée lui sont contraires sur des points fondamentaux, sa retraite devient nécessaire ; 2° les interpellations qui, en cas d'insuffisance des explications demandées, peuvent amener un vote de blâme et forcer soit le gouvernement, soit un de ses membres à se retirer ; 3° le droit de mise en accusation, en cas de violation de la constitution et des lois. Or, en général, cette responsabilité continuelle du pouvoir exécutif devant la Chambre serait une cause d'instabilité des plus graves, si elle pouvait à tout instant atteindre le chef même de l'Etat et si, entre lui et la Chambre, on n'interposait pas une responsabilité du premier degré. Cette interposition est, dans la monarchie constitutionnelle, d'une nécessité frappante ; car, la monarchie reposant sur la conception transcendante de l'inviolabilité et de l'irresponsabilité du roi, on a dû, au moyen d'une combinaison ingénieuse, organiser cette responsabilité au-dessous de la personne royale. C'est là ce qui a donné lieu à ce qu'on

---

(1) Les lois financières en particulier : le refus de voter le budget est la plus amère désapprobation du gouvernement de la part de la Chambre.

a appelé le *cabinet,* c'est-à-dire le ministère responsable, et c'est ainsi qu'on a pu concilier les maximes du gouvernement libre avec la souveraineté et l'inviolabilité dynastiques.

De ce que le régime républicain n'admet pas l'inviolabilité et l'irresponsabilité du chef de l'Etat, il ne faudrait pas conclure que, dans une République, cette responsabilité puisse être sans cesse agitée par l'Assemblée et que son contrôle sur le gouvernement ne puisse s'exercer qu'en faisant supporter au chef de l'Etat une responsabilité d'une étendue et d'un détail illimité. Sans doute, il convient d'inscrire cette haute responsabilité dans la constitution, mais il est visible qu'il faut la réserver pour les cas extraordinaires. Si une République n'a pas à sauvegarder le principe de l'hérédité dynastique, elle n'a pas un moindre intérêt à maintenir au sommet de l'Etat une sorte de stabilité majestueuse, et il vaut encore mieux pardonner à ceux qui gouvernent quelques erreurs et attendre l'expiration de leur pouvoir que de livrer la première fonction de l'Etat à une instabilité dangereuse et de faciliter les entreprises des partis en tolérant l'abus incessant d'une faculté légale. Décrire le trouble qu'amèneraient de semblables pratiques serait superflu : l'Etat serait ébranlé dans ses fondements et les convoitises surexcitées ne seraient arrêtées par aucune barrière. Les Français connaîtraient mal les conditions de durée d'un grand Etat républicain, si, tout en le renfermant dans des bornes infranchissables, ils ne cherchaient pas à rendre le pouvoir du chef de l'Etat aussi stable que possible. De même, en effet, qu'une monarchie se protége elle-même en favorisant les libertés publiques, de même une République se fortifie en cherchant à acquérir dans le jeu de ses institutions quelque chose de la stabilité que donne ou que promet la monarchie. C'est le besoin de stabilité qui a donné à l'établissement des monarchies une raison d'être ou un prétexte. Dès que, par les excès des factions et la corruption des républicains, la République est devenue impossible, la monarchie apparaît comme un remède : *Non aliud discordantis patriæ remedium fuisse quam ut ab uno regeretur.*

La responsabilité ministérielle est ainsi appelée à figurer au nombre de nos institutions, soit qu'elle soit insérée en termes formels dans une constitution, soit (ce qui revient au même) qu'elle résulte d'une pratique constante. Le principe sur lequel elle repose n'est pas une fiction, et il n'est guère juste, en général, de ne voir dans le régime constitutionnel qu'un assemblage de fictions. C'est, au contraire, une construction savante et rationnelle, et la responsabilité ministérielle, en particulier, est susceptible d'une analyse rigoureuse. L'homme qui est à la tête du pouvoir, représente, en effet, la nation elle-même, et non telle ou telle administration, telle ou telle politique particulière ; du moins, s'il représente une politique, ce n'est que dans un sens très-large et très-élevé. La représentation des aspects déterminés de cette politique et de ce qu'on nomme administration, appartient aux ministres qu'il emploie. A la vérité, ce fait que le chef de l'Etat a choisi ses ministres, suppose une certaine concordance entre ses vues et les leurs ; mais, outre que la direction des affaires d'un grand Etat est chose trop compliquée et trop vaste pour que l'intelligence d'un seul homme puisse en général l'embrasser et qu'ainsi chaque ministre, quoique désigné par le chef de l'Etat, n'en a pas moins, en tant qu'administrateur, une sphère indépendante, il y a une autre raison pour que la responsabilité du pouvoir exécutif se résolve, dans l'immense majorité des cas, par la responsabilité ministérielle, c'est qu'en changeant de ministres après un vote de la Chambre, le pouvoir exécutif reconnaît qu'il a fait fausse route et par là donne aux représentants du pays une satisfaction qu'il y aurait tout inconvénient à vouloir porter plus loin. Est-il d'ailleurs possible de gouverner sans commettre des fautes, de suivre l'opinion sans s'y abandonner ou de lui résister sans dépasser la juste mesure ? Exiger de ceux qui gouvernent la perfection absolue serait la dernière des absurdités. Il faut les juger d'après l'ensemble de leur politique et de leur administration, et ne jamais oublier que, quelque bien intentionné qu'un gouvernement puisse être, il y a toujours bien des choses à lui pardonner.

Comme toutes les institutions politiques, la responsabilité ministérielle peut devenir une source d'abus, et il faut une longue expérience pour en user avec une prudence toute constitutionnelle. Il pourrait arriver, par exemple, qu'au moyen de la discussion des actes des ministres, la Chambre voulût pénétrer dans les moindres détails de l'administration et se mêlât même d'approuver ou de blâmer le choix des fonctionnaires, ce qui serait de sa part un envahissement intolérable des fonctions exécutives. Ou bien, il pourrait se faire que, voulant attaquer le chef de l'Etat lui-même et n'osant le faire directement, l'Assemblée se servît de la responsabilité ministérielle comme d'un prétexte, et, tout en paraissant n'exercer que son droit de contrôle, s'efforçât de le renverser par des attaques d'une portée réelle plus haute que la discussion des actes des ministres. Il n'est pas d'institution, comme on le sait, qui, dans des mains corrompues, ne puisse être dénaturée et convertie en un instrument de faction. Aussi il ne suffit pas de tracer les lois du régime constitutionnel comme des déductions philosophiques ; il faudrait pouvoir les graver dans l'esprit des hommes et les faire tellement pénétrer dans leurs habitudes que l'entraînement des passions et les sophismes des partis ne pussent jamais les effacer.

CHAPITRE V

Nous n'avons pas besoin d'une longue démonstration pour établir qu'une seconde Chambre est un rouage indispensable dans un gouvernement parlementaire ; il n'est personne qui, clairement ou confusément, n'en aperçoive la nécessité, et il suffit de rappeler l'idée qui nous a servi de point de départ : que la liberté n'est durable qu'à la condition de préserver l'Etat de trois tyrannies : celle du pouvoir exécutif, celle de l'Assemblée et celle de la masse électorale. Or, ces tyrannies peuvent se combiner de diverses manières, et de même que l'on a vu le pouvoir exécutif ligué avec le pouvoir législatif contre la nation, de même on peut concevoir, par hypothèse, le pouvoir législatif ligué avec la masse électorale ; ou, pour plus de précision, un pouvoir législatif que la masse électorale dominerait entièrement. Sans doute, ce serait aller trop loin que de mettre au rang des choses possibles, dans la France d'aujourd'hui, la création, par la majorité électorale, d'une Assemblée qui, appuyée sur la force du nombre et aveuglée par sa popularité, se jetterait dans des mesures désastreuses, tenterait des innovations absurdes, bouleverserait tous les intérêts, et, si elle rencontrait quelque résistance de la part de la puissance exécutive, la renverserait hardiment et en créerait une autre dévouée à ses projets. Mais, sans redouter des perturbations aussi violentes, il serait néanmoins très-permis de craindre qu'un pouvoir législatif qui ne rencontrerait aucune barrière, n'apportât dans la politique un esprit dangereux d'exagération et de système et que la majorité, sous l'apparence des formes légales, ne fît peser sur la minorité une véritable tyrannie ; et dès lors on a dû songer à organiser le pouvoir législatif de telle manière qu'il possédât en lui-même le contrôle et la mesure.

C'est là une des raisons théoriques du dédoublement du pouvoir parlementaire, ou, plus exactement, de la superposition à la Chambre des députés d'une seconde Chambre constituée ou élue différemment. Les avantages d'une seconde Chambre ont été trop souvent et trop bien exposés pour qu'il soit nécessaire de les énumérer en détail. N'eût-elle d'autre utilité que d'ouvrir une nouvelle discussion et de préserver la nation des résolutions précipitées et des lois d'urgence votées d'acclamation, une seconde Chambre serait déjà une institution salutaire, surtout pour le peuple français, qui a tant de fois offert dans ses Assemblées le spectacle de l'impatience et de l'inconsidération. D'ailleurs, de même que la possibilité de l'appel oblige le juge à redoubler d'attention, de même la pensée que toutes ses décisions seront soumises à l'examen d'un autre corps délibérant, inspire à une Chambre des sentiments de mesure et lui enlève cette idée trop absolue de son autorité qui la conduirait bien vite à la domination. Il n'y a, effectivement, qu'un corps délibérant qui puisse être le compensateur continuel d'un autre corps délibérant. Le *veto* du pouvoir exécutif ne sera jamais qu'un moyen exceptionnel, et l'emploi tant soit peu répété qu'on en ferait aboutirait soit à la dissolution de la Chambre, soit au renversement du pouvoir exécutif ; tandis qu'une seconde Chambre peut quotidiennement repousser des lois ou les renvoyer à la Chambre basse sans qu'il en résulte aucun trouble. En rectifiant les écarts de la Chambre basse, la Chambre haute économise l'action du pouvoir exécutif et diminue d'autant plus ses occasions de conflit avec le pouvoir législatif, que, lorsqu'une loi a été votée par la Chambre haute, il n'est plus guère possible, sous prétexte de précipitation du vote ou de majorité accidentelle, de s'opposer à son exécution. Ajoutons que, tout en paraissant, au premier aspect, entraver l'influence de l'opinion sur le parlement, le système des deux Assemblées rend, au contraire, cette influence plus sûre et plus complète ; car, après le vote de la première Chambre, l'opinion procède à une nouvelle étude, découvre des inconvénients qu'elle n'apercevait pas, ou reconnaît l'insuffisance des dispositions de la loi votée et la nécessité de la refondre. L'opinion ressemble alors à un avocat qui, après avoir plaidé un procès en première instance, l'approfondit en appel ; le débat qui se rouvre est une haute critique qui pèse et épure, et comme l'essence de la vérité est de vaincre par le temps, tandis qu'un débat trop rapide trahit souvent l'injustice ou la mauvaise foi, il y a tout lieu d'attendre d'un second examen par une seconde Chambre, que le travail de l'opinion prépare et facilite, un accroissement considérable de justesse et de maturité.

L'exemple de la célèbre loi du sacrilège, votée par la Chambre des députés et repoussée par la Chambre des pairs, serait à lui seul une démonstration de l'indispensable nécessité, dans un gouvernement représentatif, de ce rouage supérieur. D'ailleurs, partout où ce régime fonctionne, en Angleterre, aux Etats-Unis, en Suisse, en Belgique, il y a une Chambre haute ; et l'histoire des Républiques italiennes du Moyen-Age fait voir que ce système tient à la nature des choses et que là où le gouvernement des Assemblées s'est établi d'une manière en quelque sorte spontanée, le pouvoir de la première Assemblée n'a pas tardé à être contrebalancé par celui d'une seconde, hiérarchiquement constituée par rapport à la première.

A la vérité, l'expérience des secondes Chambres, en France, ne leur a pas été très-favorable ; ce à quoi il ne faut pas attacher une importance exagérée, parce qu'il n'est pas juste de conclure de ce qui s'est passé dans une phase de crise ou de transition à ce qui doit avoir lieu dans une phase régulière et définitive. Que les secondes Chambres, sous le Directoire, aient introduit la discorde dans le pouvoir législatif, pouvait-il en être autrement au sortir de formidables commotions ? Que la Chambre des pairs de la Restauration et celle de la Monarchie de Juillet aient été dépourvues d'ascendant, cela ne tenait-il pas à ce que leur mode de formation, les séparant de la nation, en faisait une dépendance de la royauté? Quant au sénat de l'Empire, quelle influence aurait pu exercer sur l'esprit public ce corps emphatiquement qualifié de *modérateur suprême* (1) et dans lequel la France ne serait certes pas allé chercher le protecteur de ses libertés? Pour qu'une seconde Chambre soit en harmonie avec l'ensemble des pouvoirs politiques, il faut que son ascendant sur l'opinion soit de même ordre que sa puissance politique et qu'on ne puisse lui reprocher ni d'être composée d'hommes plus marquants dans le passé qu'importants dans le présent, ni surtout d'être un centre de passions anti-révolutionnaires. Ce n'est pas avec des illustrations fatiguées qui achèvent leur carrière, ni avec des personnages amoureux de leur suprématie sociale et ennemis de l'égalité, qu'on parviendra à réaliser l'œuvre si difficile de la pondération du pouvoir parlementaire. Il faut concevoir cette œuvre sur une base plus large et écarter les maximes de circonstance pour tracer des principes que leur élévation mette au-dessus des espérances personnelles et des ambitions de caste; et si une seconde Chambre était une puissance rétrograde, si, au lieu de maintenir l'équilibre dans les hautes régions du gouvernement, elle servait à favoriser l'arbitraire et à revêtir les actes d'un despotisme quelconque de la solennité des formes législatives, elle serait l'institution la plus vicieuse et la plus contraire au but du régime constitutionnel dans un Etat républicain.

---

(1) Dans la proclamation qui précède la constitution des 14-22 janvier 1852.

CHAPITRE VI

La première idée qui s'offre à l'esprit, lorsqu'on
cherche, d'une manière tout à fait générale, les conditions fondamentales de l'institution d'une seconde Chambre en France, c'est que cette seconde Chambre ne peut
être qu'élective. En effet, comme nous l'avons dit, la
nature des fonctions d'une seconde Chambre exige
qu'elle possède un immense ascendant. Or, si l'on met
en face d'une Assemblée élue une Assemblée désignée
par le pouvoir, il est évident que, quel que soit le mérite
des membres de cette Assemblée et quand même, pour
assurer leur indépendance, on leur conférerait l'inamo-
vibilité à vie, ou pour un certain nombre d'années, l'influence principale ne lui appartiendra pas et que, dans
les conflits qui pourraient s'élever entre les deux Assemblées, l'opinion se passionnera toujours pour les élus du
suffrage. Rien de plus propre d'ailleurs à exciter l'anta-

gonisme entre les deux Assemblées que de donner à
chacune une origine entièrement différente, l'une ayant
l'origine imposante de l'élection, tandis que l'autre ne
serait que la branche supérieure du fonctionnarisme.
Il n'y a que l'élection qui puisse former un corps des-
tiné à contrebalancer un grand pouvoir électif, à la
condition toutefois que l'élection (que l'on pourrait
philosophiquement envisager comme une opération
intellectuelle) soit pour ainsi dire élevée à sa deuxième
puissance. L'exemple de la Chambre des pairs anglaise
n'est pas applicable à la France, puisque cette Chambre est une organisation aristocratique. Or, en France,
depuis 1789, il n'y a plus d'aristocratie véritable, et la
tentative de la Restauration de donner à la Chambre
haute un caractère aristocratique au moyen de l'hérédité, ne lui a pas communiqué le prestige de la pairie
anglaise. Après une révolution comme celle de 1789,
on ne refait pas l'aristocratie, et il ne faudrait pas conclure de l'ambition de ses débris qui s'agitent, qu'on
puisse les réorganiser en un corps pondérateur et modérateur. Toute structure politique fondée sur une renais-
sance ouverte ou déguisée de l'aristocratie, ou simplement sur une distinction de classes, sera nécessairement
éphémère. Il ne peut rien y avoir de durable en France
que sur la base de l'égalité ; mais, de même qu'une
impulsion première peut être transformée par un habile
mécanisme, de même il est possible de faire jaillir de
l'égalité politique, convenablement traitée, des rouages
qui s'harmonisent et se compensent.

Un deuxième principe, c'est que la Chambre haute
ne doit pas faire double emploi avec la première, ce

qui aurait lieu si elle était, comme la première, tirée purement et simplement du suffrage universel. Elle doit, à la vérité, s'appuyer aussi sur le suffrage universel, mais de telle manière qu'elle constitue un nouvel organe et remplisse une fonction d'un autre ordre. Tandis que la Chambre basse, produit immédiat du suffrage, représente l'opinion dans son actualité et son énergie, il faut que la Chambre haute la représente dans ce qu'elle a de plus permanent et de plus profond. De là résultent deux conséquences :

1° Le suffrage universel ne doit être employé, dans la formation de la Chambre haute, que comme moyen d'élire des hommes d'une grande supériorité, et, par suite, il convient que l'élection soit soumise à une hiérarchie, c'est-à-dire au double degré. Autant le système des deux degrés serait vicieux s'il n'existait qu'une seule Assemblée, parce que l'opinion ne serait pas entièrement représentée, autant il est opportun de l'employer lorsqu'il existe déjà une Assemblée issue du suffrage direct, parce qu'à la représentation de l'opinion actuelle il ajoute celle d'une opinion plus stable. L'électeur, déjà représenté, ne peut pas se figurer que le mécanisme électoral altère son vote ; et l'étendue de ses droits dans l'élection directe, donnant une large satisfaction à ce besoin des hommes, dans les pays démocratiques, de créer le pouvoir de leurs mains, il doit accueillir sans contrariété un mode d'élection qui épure sa volonté et manifeste sa raison, tout en la dégageant de l'influence trop vive des passions du moment. D'ailleurs, il est essentiel qu'il y ait entre les deux Chambres un rapport de hiérarchie ; or, pour qu'il existe une hiérarchie entre les deux Chambres, il faut de toute nécessité qu'il y en ait une dans le mode d'élection, et le système des deux degrés est le seul qui, dans l'état de nos mœurs politiques, puisse remplir ce but.

2° De ce que la seconde Chambre, représentant une opinion plus stable que la première, plane au-dessus des impressions journalières du peuple et exerce avant tout une action régulatrice, il résulte encore qu'elle peut et doit se renouveler avec plus de lenteur que la Chambre basse. La Chambre basse s'use en même temps que l'opinion qui l'a formée ; de puissante et résolue qu'elle était, lorsque l'opinion voyait en elle son image et l'appuyait avec ardeur, elle entre par degrés dans une phase décroissante ; et, comme dans le sein des Assemblées les opinions ont une certaine tendance à s'immobiliser, du moins ne marchent pas avec la même vitesse que celles du pays, il arrive que par suite de la divergence entre ses opinions et celles du pays qui se prononce de plus en plus, l'Assemblée, privée de l'impulsion et du concours d'une opinion publique conforme à ses vues, tombe dans un état de langueur, d'impuissance chronique, et que ses débats finissent par ne présenter qu'un spectacle stérile et n'exciter qu'un médiocre intérêt. Il faut alors qu'elle se renouvelle, et l'ennui public réclame la dissolution avant le terme légal. La Chambre haute, au contraire, n'a pas le don d'exciter une attention aussi passionnée, et ne court pas non plus le risque de se voir si vite entourée de l'indifférence et de la lassitude générales. Son empire est plus durable, parce qu'elle dépasse toujours l'horizon du moment, parce qu'elle n'est pas une voile qu'enfle

le souffle de l'opinion, mais un centre de gravité. Il suit
de là qu'il convient de donner à ses membres une durée
de fonctions en rapport avec la stabilité et la portée de
leurs vues, et il y aurait à son renouvellement rapide
cet inconvénient, que, trop soumise aux fluctuations de
l'opinion, elle tendrait à n'être qu'une répétition de la
Chambre basse et deviendrait impropre à la contrebalancer, ce qui serait contraire à son but fondamental. Il
est enfin permis d'appliquer aux Chambres hautes la
méthode des renouvellements partiels, reconnue vicieuse
pour les Chambres basses, parce que ces dernières doi-
vent être l'expression vivante de l'opinion et parce
qu'en outre les renouvellements partiels, étendant à
l'Assemblée entière l'exagération inhérente aux élections
partielles, transforment en quelques années une minorité opprimée en majorité oppressive. .

Un troisième principe, qu'il importe de ne pas
perdre de vue dans la constitution d'une seconde Chambre, c'est qu'elle ne doit pas, reposant sur un parti,
jouer le rôle d'une citadelle où se réfugierait ce parti
tombé dans l'impopularité et le discrédit. Créer la
Chambre haute sur la base d'un parti rétrograde ne
serait pas plus rationnel que de la fonder sur un parti
révolutionnaire. Rien ne serait plus contraire à sa mission, ni plus propre à exciter, entre elle et la première
Chambre, un antagonisme qui pourrait un jour se
résoudre par un coup d'Etat. Ici encore il est inexact
d'opposer l'exemple de l'Angleterre. Là où il existe une
grande aristocratie, il est naturel que les représentants
de cette aristocratie composent la Chambre haute et
que, par conséquent, cette Chambre haute soit, par

excellence, l'organe des droits et tendances aristocra-
tiques. Mais, en France, est-il possible d'imiter l'Angleterre en substituant à l'aristocratie ce que l'on nomme
les *classes dirigeantes* et de faire de la Chambre haute
le monopole d'une classe ou de certaines classes asso-
ciées pour la domination ? Avons-nous besoin de montrer tout ce qu'il y a de faux dans une telle conception
et de rappeler ces paroles de Tocqueville : « Pense-
t-on qu'après avoir détruit la féodalité et vaincu les rois,
la démocratie reculera devant les bourgeois et les riches ?
S'arrêtera-t-elle maintenant qu'elle est devenue si forte
et ses adversaires si faibles ? » Dans notre état social
actuel, la Chambre haute ne doit être autre chose que
l'expression de la raison publique, dégagée par les combinaisons du vote. Or, par elle-même, la raison n'est ni
conservatrice, ni novatrice ; elle conserve ce qu'il faut
conserver et change ce qu'il faut changer. L'ambition
d'une classe, loin de se lier nécessairement à un intérêt
de conservation et de paix, est bien plus souvent, au
contraire, une cause d'agitation et de désordre, et il en
est ainsi surtout, lorsqu'après un fait immense comme
la Révolution, un parti s'efforce de remonter la pente
des événements et de refaire, ne serait-ce qu'à l'état de
vaine ombre, un passé que le flot du temps a balayé.
Un tel parti ne conserve pas ; il tourmente sans cesse la
société pour la jeter dans une voie rétrograde, et, préoc-
cupé de vaincre la résistance que lui opposent les
hommes et les choses, il s'attaque à la civilisation
même et finit par placer ses espérances dans l'abaissement de l'intelligence humaine. Écartons donc, comme
une erreur funeste, cette théorie que la seconde Chambre

doit être l'asile des partis qui luttent contre les conséquences de la Révolution ou qui veulent les exploiter à
leur profit exclusif, et soyons assez judicieux pour ne
pas chercher l'harmonie des pouvoirs et la perfection de
l'ordre là où il n'y a que des prétentions injustes et une
négation acharnée de nos conquêtes politiques.

Après ce rapide essai de tracer quelques bases et de
signaler quelques écueils dans la constitution d'une
seconde Chambre, il nous resterait à analyser ses fonctions et à étudier de plus près son rôle soit à l'égard de
la Chambre basse, soit à l'égard du pouvoir exécutif.
Ces fonctions peuvent se ramener à cette formule, que
la Chambre haute pondère et corrige la Chambre basse,
tempère le pouvoir exécutif et empêche les conflits d'é-
clater entre ces deux pouvoirs. Nous ne répéterons pas
ce que nous avons dit précédemment sur la nécessité de
soumettre les lois votées par la Chambre basse à l'examen d'une seconde Chambre, et nous nous contente-
rons d'ajouter que cette fonction purement critique
peut être heureusement complétée par le droit d'initiative parlementaire, à la condition que cette initiative, toute préparatoire, n'empiète pas sur le droit de la
Chambre basse de voter les lois. Quant au rôle de la
Chambre haute vis-à-vis du pouvoir exécutif, il peut
être conçu avec plus ou moins d'étendue, et il est conforme aux maximes du gouvernement républicain, dans
lequel on craint sans cesse l'excès du pouvoir personnel, d'utiliser ce rouage pour circonscrire le pouvoir exécutif. Au moyen d'une Chambre haute, il est
possible par exemple, sans trop compromettre l'indépendance du pouvoir exécutif, de faire intervenir le

pouvoir parlementaire dans la nomination du chef de l'Etat et d'éviter ainsi la trop grande influence que lui donnerait l'élection par la nation elle-même, quand même on substituerait à l'élection directe un mode spécial d'élection tel que celui qui est en vigueur aux Etats-Unis (1). Il est possible également de confier à la Chambre haute plusieurs des attributions ordinairement conférées au chef de l'Etat, telles que les nominations à certaines fonctions éminentes, aux ambassades, aux grandes magistratures; et il convient de lui attribuer, de préférence à la Chambre basse, la connaissance de la politique étrangère, qui demande plus de profondeur et de suite que la politique intérieure. Ce serait aussi à la Chambre haute qu'appartiendrait le droit de mettre en accusation soit le chef de l'Etat, soit ses ministres; et enfin, si le droit de dissoudre la Chambre basse était accordé au chef de l'Etat, il conviendrait qu'il ne l'exerçât qu'autorisé par la Chambre haute.

Nous nous bornerons à ce sommaire. Il n'est pas entré dans notre plan de décrire tous les ressorts d'une machine politique qui n'est encore qu'à l'état d'hypothèse. Nous nous sommes efforcés de mettre en lumière des principes généraux, et non de particulariser les accidents divers de leur application; car étant donné un groupe d'idées fondamentales, il est possible de les

---

(1) Nous énonçons cette idée sans y insister et nous ne faisons quant à présent aucun choix entre les divers systèmes. Nous laissons de côté tout ce qui concerne l'organisation du pouvoir exécutif, sa durée, son mode d'élection : cette question, suspendue pour plusieurs années, ne peut encore être discutée avec maturité.

mettre en œuvre de plusieurs manières et de varier à l'infini les arrangements de détail. D'ailleurs, une étude trop minutieuse serait prématurée. S'il importe de jeter dès maintenant les bases de nos institutions, c'est au temps à les perfectionner et à les compléter, et il est probable qu'elles ne seront définitivement arrêtées, dans toutes leurs parties, qu'après une série de tâtonnements. Mais il suffit qu'aujourd'hui tous les hommes qui réfléchissent poursuivent cette recherche, pour que, par un essor naturel, la vérité apparaisse; et il faut espérer qu'une fois l'accord établi sur les points essentiels, nos institutions présenteront un admirable spectacle de stabilité et de durée, et que notre politique, si souvent inégale et bouleversée, reprendra son assiette et rendra à la France un ascendant qu'elle n'aurait jamais dû perdre.

GRAY. — IMPRIMERIE ET LITHOGRAPHIE DE A. ROUX

www.ingramcontent.com/pod-product-compliance
Ingram Content Group UK Ltd.
Pitfield, Milton Keynes, MK11 3LW, UK
UKHW031804170726
13836UKWH00003B/1172